De zéro réservation à superhost Airbnb

Transformez votre échec actuel en succès fulgurant

Par

Théo Labranche

Table des matières :

INTRODUCTION

Chapitre 1 : Diagnostiquez votre situation actuelle

- Analysez vos statistiques de consultation et de réservation
- Identifiez les points faibles de votre annonce
- Comparez-vous à la concurrence locale

Chapitre 2 : Révolutionnez votre annonce

- Créez un titre accrocheur qui se démarque
- Rédigez une description captivante et informative
- Utilisez des mots-clés stratégiques pour le référencement
- Mettez en valeur les atouts uniques de votre logement
- Réalisez un shooting photo professionnel
- Optimisez l'ordre et la qualité de vos photos

Chapitre 3 : Adoptez une tarification dynamique

- Analysez les tendances de prix dans votre zone
- Ajustez vos tarifs selon les saisons et les événements locaux

- Proposez des réductions pour les longs séjours
- Utilisez des outils de tarification intelligente
- Créez des offres spéciales pour les périodes creuses

Chapitre 4 : Transformez votre logement en expérience unique

- Repensez la décoration et l'aménagement
- Investissez dans des équipements de qualité
- Créez des espaces photogéniques
- Proposez des services additionnels (si autorisés dans votre région)
- Pensez aux détails qui font la différence (produits locaux, guide personnalisé)

Chapitre 5 : Maîtrisez l'art de la communication

- Optimisez vos temps de réponse
- Personnalisez vos messages d'accueil et de suivi
- Gérez efficacement les demandes spéciales
- Créez un guide d'accueil complet et numérique
- Utilisez les outils de messagerie automatique d'Airbnb

Chapitre 6 : Devenez un hôte irréprochable

- Perfectionnez votre processus d'accueil

et de départ
Assurez une propreté impeccable
Mettez en place un système de maintenance préventive
Formez une équipe de confiance (ménage, conciergerie)
Gérez efficacement les imprévus et les urgences

Chapitre 7 : Maximisez votre visibilité en ligne

Optimisez votre profil hôte Airbnb
Utilisez les réseaux sociaux pour promouvoir votre logement indirectement
Créez un site web informatif sur votre région (sans lien direct vers Airbnb)
Explorez les options de référencement local
Participez aux événements et forums Airbnb

Chapitre 8 : Transformez les avis en or

Encouragez vos hôtes à laisser des commentaires
Répondez de manière professionnelle à tous les avis
Utilisez les critiques pour améliorer constamment votre offre
Mettez en avant vos meilleurs avis dans votre description
Visez le statut de Superhost et

maintenez-le

Chapitre 9 : Analysez et optimisez en continu

    Suivez vos indicateurs de performance clés sur Airbnb

    Testez différentes stratégies et mesurez les résultats

    Restez à l'écoute des mises à jour et des tendances Airbnb

    Formez-vous constamment aux bonnes pratiques

    Rejoignez des communautés d'hôtes pour partager vos expériences

CONCLUSION : Votre succès sur Airbnb est entre vos mains

Copyright © 2024

Tous droits réservés.

Tous droits de reproduction, d'adaptation et de traduction, intégrale ou partielle réservés pour tous pays. L'auteur est seul propriétaire des droits et responsable du contenu de ce livre.

Le Code de la propriété intellectuelle interdit les copies ou reproductions destinées à une utilisation collective. Toute représentation ou reproduction intégrale ou partielle faite par quelque procédé que ce soit, sans le consentement de l'auteur ou de ses ayant droit ou ayant cause, est illicite et constitue une contrefaçon, aux termes des articles L.335-2 et suivants du Code de la propriété intellectuelle.

INTRODUCTION

Vous avez mis votre logement en ligne sur Airbnb avec l'espoir de le voir se remplir de réservations. Peut-être avez-vous imaginé accueillir des voyageurs du monde entier, générer des revenus supplémentaires, et peut-être même atteindre le statut convoité de Superhost. Mais la réalité a été tout autre. Vos réservations sont rares, vos revenus décevants, et vous commencez à vous demander ce qui ne va pas.

Ne vous inquiétez pas, vous n'êtes pas seul. De nombreux hôtes débutants se retrouvent confrontés à ces mêmes défis. La concurrence est rude, les attentes des voyageurs sont élevées, et les algorithmes d'Airbnb peuvent sembler impitoyables. Mais la bonne nouvelle, c'est que chaque obstacle est une opportunité déguisée. Ce livre est là pour vous aider à transformer vos échecs en succès fulgurant.

Que vous soyez confronté à une annonce qui n'attire pas l'œil, à des photos qui ne mettent pas en valeur votre espace, ou à des tarifs qui ne semblent jamais convenir, ce guide vous fournira des stratégies concrètes et des conseils pratiques pour redresser la barre. Nous allons examiner ensemble chaque aspect de votre offre, diagnostiquer les points faibles, et appliquer des techniques éprouvées pour non seulement attirer plus de voyageurs, mais aussi les fidéliser.

En suivant les étapes détaillées dans ce livre, vous apprendrez à maximiser le potentiel de votre annonce, à créer une expérience unique pour vos invités, et à naviguer avec succès dans l'univers compétitif d'Airbnb. Ce livre n'est pas une simple collection de conseils, c'est une feuille de route qui vous mènera de zéro réservation à un flux constant de demandes, jusqu'à atteindre le statut de Superhost.

Préparez-vous à révolutionner votre approche, à revoir votre stratégie, et à transformer votre logement en une destination recherchée. Ensemble, nous allons faire de votre rêve d'hébergement un succès éclatant.

Chapitre 1 : Diagnostiquez votre situation actuelle

Avant de pouvoir transformer votre logement en une destination prisée sur Airbnb, il est essentiel de comprendre pourquoi vous n'obtenez pas les résultats escomptés. Ce premier chapitre vous guidera à travers un diagnostic détaillé de votre situation actuelle. En analysant vos statistiques, en identifiant les points faibles de votre annonce, et en vous comparant à la concurrence locale, vous pourrez établir un plan d'action précis pour améliorer vos performances.

Analysez vos statistiques de consultation et de réservation

La première étape pour diagnostiquer votre situation est d'examiner les données que vous fournit Airbnb. Ces statistiques sont une mine d'informations précieuses, car elles vous permettent de voir où se situent exactement les problèmes.

Consultations vs. Réservations : Commencez par analyser le rapport entre le nombre de fois où votre annonce est consultée et le nombre de réservations que vous obtenez. Si votre annonce est souvent consultée mais que peu de personnes réservent, cela indique qu'il y a quelque chose qui dissuade les voyageurs de passer à l'action. Cela peut être lié à la présentation de votre logement, à votre tarification, ou même à votre réputation en tant qu'hôte.

Exemple : Supposons que votre annonce a été consultée 500 fois au cours du dernier mois, mais que vous n'avez reçu que 3 réservations. Cela signifie que votre taux de conversion est de 0,6 %. Un bon taux de conversion pour une annonce sur Airbnb se situe généralement entre 2 et 5 %. Dans ce cas, il est clair que quelque chose ne va pas, et cela nécessite une investigation plus approfondie.

Temps moyen de consultation : Regardez aussi le temps moyen que les utilisateurs passent sur votre annonce. Un temps de consultation très court peut indiquer que votre annonce ne capte pas suffisamment l'attention ou que les photos et la description ne sont pas assez attractives.

Exemple : Si les utilisateurs ne passent que quelques secondes sur votre annonce avant de la quitter, cela pourrait signifier que vos photos principales ou votre titre ne sont pas assez percutants pour retenir leur attention. Il faudra donc retravailler ces éléments pour qu'ils soient plus accrocheurs.

Origine des consultations : Il est également utile de savoir d'où viennent vos consultations. Sont-elles le résultat d'une recherche organique sur Airbnb, d'une publicité, ou d'un lien direct ? Cette information peut vous donner des indices sur la visibilité de votre annonce et sur l'efficacité de vos efforts de promotion.

Exemple : Si la majorité de vos consultations proviennent de recherches organiques sur Airbnb, mais que vous ne convertissez pas ces visites en réservations, il se peut que votre annonce ne soit pas compétitive par rapport aux autres logements similaires.

Identifiez les points faibles de votre annonce

Une fois que vous avez analysé vos statistiques, il est temps d'examiner les éléments de votre annonce qui pourraient poser problème. Pour cela, mettez-vous dans la peau d'un voyageur potentiel.

Le titre de votre annonce : Votre titre est l'une des premières choses que les utilisateurs voient lorsqu'ils cherchent un logement sur Airbnb. Il doit être accrocheur, précis et incitatif. Si votre titre est trop vague ou peu descriptif, vous risquez de passer inaperçu parmi la multitude d'annonces.

Exemple : Si votre titre est "Appartement à louer à Paris", il manque cruellement de spécificité. En revanche, un titre comme "Charmant loft avec vue sur la Tour Eiffel, à deux pas du métro" attire l'attention et donne envie d'en savoir plus. Pensez à inclure des éléments distinctifs et séduisants, comme des caractéristiques uniques ou des avantages que les autres annonces n'ont pas.

La description : La description de votre logement doit non seulement être détaillée, mais aussi engageante. Elle doit donner envie aux voyageurs de réserver en leur permettant de se projeter dans votre logement. Une description trop générique ou mal rédigée peut facilement rebuter les potentiels locataires.

Exemple : Une description comme "Appartement de deux pièces avec toutes les commodités" n'est ni engageante ni informative. À la place, essayez quelque chose de plus descriptif et chaleureux : "Découvrez le charme de notre appartement de deux pièces, situé dans un quartier animé. Profitez de la cuisine entièrement équipée pour préparer vos repas, relaxez-vous dans le salon lumineux, et reposez-vous dans une chambre confortable avec lit queen-size." Cela aide les voyageurs à se projeter et à imaginer leur séjour chez vous.

Les photos : Les photos sont sans doute l'élément le plus important de votre annonce. Des images de mauvaise qualité, mal cadrées, ou qui ne montrent pas bien l'espace peuvent dissuader les utilisateurs de réserver. Il est essentiel que vos photos soient non seulement de haute qualité, mais qu'elles mettent en valeur les meilleurs aspects de votre logement.

Exemple : Si vos photos sont sombres, floues, ou montrent des pièces encombrées, elles peuvent décourager les voyageurs. En revanche, des photos lumineuses, bien cadrées, et qui mettent en avant des détails attractifs comme une belle vue, une décoration soignée, ou un espace extérieur, peuvent fortement augmenter l'attrait de votre annonce.

Les équipements et services : Assurez-vous que votre annonce mentionne tous les équipements et services que vous proposez. Parfois, des petits détails peuvent faire toute la différence, comme la présence du Wi-Fi, la climatisation, ou un parking gratuit.

Exemple : Si votre logement dispose d'un service que d'autres n'ont pas, comme un jacuzzi, une machine à café haut de gamme, ou un service de conciergerie, assurez-vous de bien le mettre en avant dans votre description et vos photos. Ces éléments peuvent justifier un prix plus élevé ou attirer plus de réservations.

Comparez-vous à la concurrence locale

Enfin, pour bien diagnostiquer votre situation, il est crucial de vous comparer à la concurrence locale. Cela vous donnera un aperçu de ce que font les autres hôtes dans votre région et vous aidera à identifier des opportunités d'amélioration.

Analyse des annonces similaires : Recherchez des annonces dans votre région qui proposent un logement similaire au vôtre (même nombre de pièces, localisation, type de logement) et voyez comment elles se positionnent. Examinez leurs titres, descriptions, photos, et surtout leurs prix.

Exemple : Si un appartement similaire au vôtre a un taux de réservation beaucoup plus élevé, comparez attentivement les différences. Peut-être ce concurrent propose-t-il un tarif plus compétitif, un titre plus accrocheur, ou des photos plus attrayantes. En identifiant ce qui fonctionne pour les autres, vous pouvez ajuster votre propre annonce en conséquence.

Tarification concurrentielle : Comparez les prix pratiqués par vos concurrents. Si vous êtes trop cher par rapport à des logements similaires, il est probable que les voyageurs préfèrent réserver ailleurs. À l'inverse, si vous êtes trop bas, vous pourriez sous-évaluer votre logement.

Exemple : Si tous les logements similaires dans votre quartier sont proposés à 100 euros la nuit, mais que vous êtes à 120 euros, cela pourrait expliquer pourquoi vous n'obtenez pas beaucoup de réservations. En ajustant votre tarif pour qu'il soit plus compétitif, tout en valorisant les atouts uniques de votre logement, vous pourriez voir une augmentation des réservations.

Expériences des clients : Lisez les avis des clients sur les annonces de vos concurrents. Quels sont les points forts et les points faibles qu'ils mentionnent ? Cela peut vous donner des idées sur ce que les voyageurs recherchent et ce que vous pouvez améliorer.

Exemple : Si les clients d'une annonce concurrente se plaignent souvent du bruit dans la rue, et que votre logement est au calme, cela devient un point fort à mettre en avant. À l'inverse, si les clients apprécient particulièrement un aspect que vous ne proposez pas encore (comme un accueil personnalisé ou des produits locaux en cadeau), cela pourrait être une inspiration pour améliorer votre offre.

Diagnostiquer votre situation actuelle est une étape essentielle pour transformer votre annonce Airbnb. En analysant vos statistiques, en identifiant les points faibles de votre annonce, et en vous comparant à la concurrence, vous pouvez découvrir exactement où se trouvent les obstacles à votre succès. Une fois ces éléments identifiés, vous serez mieux armé pour les surmonter et commencer à attirer plus de réservations. Ce travail de diagnostic est la base solide sur laquelle vous allez pouvoir construire une stratégie de réussite durable. Dans les chapitres suivants, nous explorerons comment révolutionner votre annonce pour maximiser son potentiel et convertir chaque visite en réservation.

Chapitre 2 : Révolutionnez votre annonce

Après avoir diagnostiqué les points faibles de votre annonce, il est temps de passer à l'action et de la transformer en un aimant à réservations. Une annonce efficace est bien plus qu'une simple description de votre logement; c'est une vitrine qui doit séduire, informer et convaincre en quelques secondes. Dans ce chapitre, nous allons explorer comment créer un titre accrocheur, rédiger une description captivante, optimiser le référencement avec des mots-clés pertinents, mettre en avant les atouts uniques de votre logement, et sublimer le tout avec des photos professionnelles.

Créez un titre accrocheur qui se démarque

Le titre de votre annonce est la première impression que vous donnez aux voyageurs. Il doit être concis, descriptif et attrayant. Un bon titre attire l'attention et incite à en savoir plus.

Intégrez des éléments distinctifs : Mentionnez des caractéristiques uniques de votre logement ou de sa localisation.

Exemples :

- "Loft design avec terrasse panoramique au cœur de Lyon"
- "Charmante maison en pierre avec piscine privée en Provence"
- "Studio cosy à deux pas de la plage de Biarritz"

Utilisez des adjectifs évocateurs : Des mots comme "luxueux", "chaleureux", "spacieux" ou "pittoresque" peuvent susciter l'intérêt.

Exemple : "Appartement luxueux avec vue imprenable sur la Seine"

Mentionnez des atouts locaux : Si votre logement est proche d'un point d'intérêt, n'hésitez pas à le souligner.

Exemple : "Appartement moderne à 5 minutes du Mont-Saint-Michel"

Rédigez une description captivante et informative

La description est votre opportunité de raconter l'histoire de votre logement et d'aider les voyageurs à se projeter. Elle doit être détaillée, honnête et refléter la personnalité de votre espace.

Structurez votre description : Divisez-la en sections claires comme "Le logement", "Accès des voyageurs", "Autres remarques", etc.

Décrivez chaque espace : Donnez des détails sur chaque pièce, les équipements disponibles, et toute particularité.

Exemple : "La chambre principale offre un lit king-size avec une literie de qualité supérieure pour des nuits paisibles. Les grandes fenêtres laissent entrer la lumière naturelle, et les rideaux occultants garantissent une obscurité totale pour les lève-tard."

Mettez en avant les expériences : Au-delà des équipements, parlez des expériences que les voyageurs peuvent vivre.

Exemple : "Commencez votre journée avec un café sur le balcon en admirant la vue sur les toits de Paris, puis partez à la découverte des cafés pittoresques du quartier Latin, tous accessibles à pied."

Soyez transparent sur les points faibles : Mentionnez honnêtement tout inconvénient potentiel pour éviter les mauvaises surprises.

Exemple : "Veuillez noter que l'appartement est situé au 4ème étage sans ascenseur."

Utilisez des mots-clés stratégiques pour le référencement

Le référencement (SEO) de votre annonce sur Airbnb est crucial pour sa visibilité. En intégrant des mots-clés pertinents, vous augmentez vos chances d'apparaître dans les résultats de recherche.

Identifiez les mots-clés pertinents : Pensez aux termes que les voyageurs utiliseraient pour trouver un logement comme le vôtre.

Exemples : "Appartement familial", "Proche du centre-ville", "Parking gratuit", "Pet friendly"

Intégrez-les naturellement : Insérez ces mots-clés dans votre titre et description sans sacrifier la fluidité du texte.

Exemple : "Notre appartement familial, situé à deux pas du centre-ville, offre un parking gratuit pour votre commodité."

Évitez le bourrage de mots-clés : Ne surchargez pas votre description de mots-clés au risque de la rendre illisible.

<u>Mettez en valeur les atouts uniques de votre logement</u>

Identifiez ce qui rend votre logement spécial et assurez-vous que ces éléments ressortent clairement.

Caractéristiques architecturales ou design : Parlez de tout élément unique comme des poutres apparentes, une cheminée ancienne, ou une décoration artistique.

Exemple : "Le salon spacieux est embelli par des poutres en chêne d'origine datant du XVIIIe siècle, ajoutant une touche d'histoire à votre séjour."

Équipements de luxe ou services additionnels : Si vous offrez des équipements haut de gamme comme un sauna, une machine à café Nespresso, ou des produits de toilette de marque, mentionnez-les.

Exemple : "Détendez-vous dans notre sauna privé après une journée d'exploration."

Localisation exceptionnelle : Si votre logement offre une vue spectaculaire ou est situé dans un quartier prisé, cela doit être mis en avant.

Exemple : "Profitez d'une vue panoramique sur la baie de Nice depuis chaque pièce de l'appartement."

Réalisez un shooting photo professionnel

Des photos de qualité sont essentielles pour attirer l'attention et donner une image fidèle de votre logement.

Engagez un photographe professionnel : Ils savent comment capturer les meilleurs angles, jouer avec la lumière et présenter votre logement sous son meilleur jour.

Préparez votre logement : Avant le shooting, assurez-vous que chaque pièce est propre, bien rangée, et décorée avec soin.

Conseil : Ajoutez des touches chaleureuses comme des coussins colorés, des fleurs fraîches, ou une table dressée.

Variez les types de photos : Incluez des photos de chaque pièce, des détails (comme une cheminée ou une bibliothèque), des vues depuis le logement, et des équipements spéciaux.

Optimisez l'éclairage : Les photos en lumière naturelle sont généralement plus attrayantes. Programmez le shooting pendant la journée.

Optimisez l'ordre et la qualité de vos photos

L'ordre dans lequel vous présentez vos photos peut influencer la perception des voyageurs.

Photo principale percutante : Votre première photo doit être la plus impressionnante, celle qui donnera envie de cliquer sur votre annonce.

Exemple : Une vue panoramique du salon lumineux avec une décoration moderne.

Ordonnez de manière logique : Après la photo principale, présentez les pièces dans un ordre qui suit une visite logique du logement (entrée, salon, cuisine, chambres, salles de bains, extérieurs).

Incluez des légendes : Ajoutez des descriptions courtes et informatives sous chaque photo pour fournir du contexte.

Exemple : "Cuisine entièrement équipée avec îlot central et appareils modernes."

Assurez une cohérence visuelle : Les photos doivent avoir une qualité et un style similaires pour une présentation professionnelle.

Mettez à jour régulièrement : Si vous apportez des changements à votre logement (nouvelle décoration, rénovations), actualisez vos photos pour refléter ces améliorations.

Révolutionner votre annonce est un processus qui demande une attention particulière aux détails et une volonté de se mettre à la place du voyageur. Un titre accrocheur, une description vivante, une optimisation pour le référencement, la mise en avant des atouts uniques, et des photos professionnelles sont autant d'éléments qui transformeront votre annonce en une véritable invitation au voyage. En investissant du temps et des ressources dans ces aspects, vous augmentez significativement vos chances de convertir les consultations en réservations et de bâtir une réputation d'hôte exceptionnel sur Airbnb.

Chapitre 3 : Adoptez une tarification dynamique

La tarification dynamique est l'un des moyens les plus efficaces pour maximiser vos revenus sur Airbnb. Cela implique d'ajuster vos prix en fonction de la demande, des saisons, et des événements locaux. Ce chapitre vous guidera pour analyser les tendances de prix dans votre zone, ajuster vos tarifs selon les saisons et les événements, proposer des réductions pour les longs séjours, utiliser des outils de tarification intelligente, et attirer des réservations pendant les périodes creuses.

Analysez les tendances de prix dans votre zone

Avant de définir vos tarifs, il est crucial de comprendre comment se comportent les prix dans votre marché local. Vous devez comparer votre offre à celles des autres hôtes dans votre région pour vous positionner de manière compétitive.

Étudiez la concurrence directe : Recherchez des logements similaires au vôtre (en termes de taille, emplacement, et équipements) dans votre quartier ou ville.

Exemple : Si vous louez un studio à Lyon, comparez votre annonce avec d'autres studios similaires dans le même arrondissement pour voir si vos tarifs sont dans la moyenne.

Surveillez les variations saisonnières : Notez comment les prix fluctuent tout au long de l'année. Les prix augmentent souvent pendant les vacances scolaires, les festivals, ou d'autres événements importants.

Exemple : Si vous avez un appartement à Bordeaux, vos prix pourraient augmenter pendant la saison estivale et pendant les événements comme Vinexpo.

Utilisez des outils d'analyse de marché : Des services comme AirDNA ou des fonctionnalités sur Airbnb vous permettent de suivre les tendances de prix et de taux d'occupation dans votre zone.

Conseil : Utilisez ces outils pour identifier les périodes où la demande est plus forte et ajustez vos prix en conséquence.

Ajustez vos tarifs selon les saisons et les événements locaux

Une tarification statique ne vous permettra pas de maximiser vos revenus. Ajustez vos prix en fonction de la demande saisonnière et des événements locaux pour attirer plus de réservations.

Identifiez les saisons touristiques : Déterminez les périodes de haute et basse saison pour votre région.

Exemple : Dans une ville comme Biarritz, la haute saison se situe en été, où vous pouvez augmenter vos tarifs. En revanche, en hiver, une baisse des prix peut être nécessaire pour rester compétitif.

Augmentez vos prix pendant la haute saison : Si votre région est très prisée à certaines périodes de l'année, augmentez vos tarifs pendant ces moments.

Exemple : Pendant le Festival d'Avignon, ajustez vos prix à la hausse pour tirer parti de la forte demande.

Proposez des tarifs compétitifs en basse saison : Lorsque la demande est faible, baissez vos prix pour encourager les réservations.

Exemple : Si vous louez un chalet dans les Alpes, proposez des prix réduits en automne, une période où les réservations peuvent être moins nombreuses.

Proposez des réductions pour les longs séjours

Encourager les réservations de longue durée peut stabiliser vos revenus tout en réduisant le turnover. Airbnb permet de configurer des réductions pour les séjours prolongés.

Offrez des réductions hebdomadaires et mensuelles : Airbnb vous permet de définir des réductions pour les séjours de sept jours ou plus, et pour les séjours mensuels.

Exemple : Offrez 10 % de réduction pour un séjour d'une semaine, et 25 % pour un séjour d'un mois. Cela peut attirer des voyageurs professionnels ou des vacanciers qui cherchent un séjour prolongé.

Ciblez les travailleurs à distance : Avec la montée du travail à distance, de nombreux professionnels recherchent des séjours de plusieurs semaines voire mois. Proposez des réductions attrayantes pour ces voyageurs.

Exemple : "Réduction spéciale pour les travailleurs à distance : 20 % de réduction pour un séjour de 30 jours ou plus, avec Wi-Fi haut débit inclus."

Utilisez des outils de tarification intelligente

Gérer manuellement une tarification dynamique peut être complexe. Airbnb propose des outils pour ajuster automatiquement vos prix en fonction de la demande et de l'offre dans votre région.

Airbnb Smart Pricing : Ce système ajuste automatiquement vos prix en fonction des tendances de marché locales, des taux d'occupation, et des événements.

Conseil : Activez Smart Pricing, mais fixez des limites minimales et maximales pour garantir que vos tarifs restent dans une fourchette acceptable pour vous.

Outils tiers : Des services comme Beyond Pricing ou PriceLabs offrent des fonctionnalités avancées de tarification dynamique, avec des analyses de marché détaillées.

Exemple : Utilisez PriceLabs pour ajuster automatiquement vos prix en fonction des tendances locales, tout en intégrant des algorithmes avancés pour maximiser vos revenus.

Créez des offres spéciales pour les périodes creuses

Airbnb permet de proposer des offres spéciales limitées dans le temps, ce qui peut être utile pour attirer des réservations pendant les périodes de faible demande.

Offres de dernière minute : Activez des réductions pour les réservations de dernière minute afin de remplir les dates qui sont encore disponibles à l'approche de la période de réservation.

Exemple : "15 % de réduction pour toute réservation effectuée dans les 48 heures précédant l'arrivée."

Réductions pour des séjours en basse saison : Proposez des réductions spécifiques pour encourager les réservations pendant les périodes traditionnellement moins occupées.

Exemple : "Séjour en novembre : 20 % de réduction pour un séjour d'une semaine ou plus."

Adopter une tarification dynamique sur Airbnb est essentiel pour optimiser vos revenus et rester compétitif. En analysant les tendances de prix, en ajustant vos tarifs selon la demande saisonnière, en proposant des réductions pour les longs séjours, en utilisant des outils de tarification intelligente, et en créant des offres spéciales pour les périodes creuses, vous pouvez attirer plus de réservations et maximiser votre rentabilité. Adapter vos prix de manière stratégique tout au long de l'année vous permettra de transformer chaque opportunité en une source de revenus potentiels.

Chapitre 4 : Transformez votre logement en expérience unique

Dans un marché de plus en plus concurrentiel, offrir simplement un lieu où dormir ne suffit plus. Pour attirer des voyageurs et obtenir des avis exceptionnels, il est crucial de transformer votre logement en une véritable expérience unique. Cela passe par une décoration réfléchie, des équipements de qualité, des espaces photogéniques, et une attention aux petits détails qui marquent les esprits. Voici comment procéder.

Repensez la décoration et l'aménagement

La première impression compte énormément. Une décoration soignée et un aménagement réfléchi peuvent faire toute la différence entre un simple logement et un lieu où vos hôtes se sentent chez eux, voire mieux.

Choisissez un thème ou un style cohérent : Que votre logement soit moderne, rustique, bohème, ou minimaliste, un thème cohérent permet de créer une ambiance unique. Assurez-vous que les meubles, les couleurs, et les accessoires s'harmonisent pour raconter une histoire.

Exemple : Pour un appartement en bord de mer, optez pour des tons de bleu, des matériaux naturels comme le bois flotté, et des objets de décoration rappelant l'océan (coquillages, tableaux marins).

Optimisez l'espace : Réfléchissez à l'aménagement pour maximiser l'espace disponible. Utilisez des meubles multifonctionnels, comme un canapé-lit ou une table pliante, pour rendre l'espace pratique et confortable.

Exemple : Dans un petit studio, installez un lit escamotable qui se replie contre le mur pendant la journée, libérant ainsi de l'espace pour d'autres activités.

Ajoutez des touches personnelles : Des éléments uniques, comme des œuvres d'art locales, des livres, ou des objets vintage, peuvent donner du caractère à votre logement et le distinguer des autres.

Exemple : Dans un chalet de montagne, exposez des photos en noir et blanc de la région datant du début du siècle, ou des objets anciens comme des raquettes à neige ou des skis en bois.

Investissez dans des équipements de qualité

Les équipements que vous fournissez peuvent grandement améliorer l'expérience de vos hôtes. Investir dans des équipements de qualité est un moyen efficace de montrer que vous vous souciez de leur confort.

Literie de qualité : Un bon sommeil est essentiel pour vos hôtes. Investissez dans un matelas confortable, des oreillers de qualité, et du linge de lit doux et agréable au toucher.

Exemple : Remplacez votre ancien matelas par un modèle à mémoire de forme et offrez une gamme d'oreillers (ferme, doux) pour répondre aux préférences variées.

Appareils modernes : Offrez des appareils électroménagers modernes et faciles à utiliser, comme une machine à café Nespresso, une bouilloire électrique, et un four à micro-ondes.

Exemple : Mettez à disposition une enceinte connectée (comme une Google Home ou Amazon Echo) pour que vos hôtes puissent écouter de la musique ou obtenir des informations locales.

Connectivité : Le Wi-Fi est un incontournable. Assurez-vous qu'il soit rapide et fiable. Pour les voyageurs d'affaires, envisagez de fournir un espace de travail avec une prise multiple et un bureau ergonomique.

Exemple : Si vous recevez fréquemment des voyageurs internationaux, ajoutez un adaptateur universel et un chargeur USB dans chaque chambre.

Créez des espaces photogéniques

À l'ère des réseaux sociaux, avoir des espaces photogéniques peut attirer les voyageurs désireux de partager leur séjour en ligne. Des photos inspirantes et esthétiques peuvent aussi être un facteur décisif pour ceux qui recherchent un lieu unique.

Jouez avec la lumière naturelle : Aménagez vos pièces pour maximiser l'entrée de la lumière naturelle. Les photos avec une lumière douce et naturelle sont particulièrement prisées.

Exemple : Si vous avez une grande fenêtre avec une belle vue, placez une table basse et des chaises confortables à proximité, créant ainsi un coin lecture idéal pour des photos Instagram.

Ajoutez des touches de verdure : Les plantes ajoutent de la vie et de la couleur à un espace. Elles peuvent transformer un coin quelconque en un espace attrayant et chaleureux.

Exemple : Placez une plante suspendue au-dessus du canapé ou créez un mur végétal dans le salon pour ajouter une touche naturelle et photogénique.

Misez sur les détails visuels : De petits détails comme des coussins colorés, des miroirs originaux, ou des œuvres d'art peuvent transformer un espace et le rendre plus attrayant.

Exemple : Installez un miroir au cadre doré dans l'entrée ou des coussins en lin aux couleurs pastel sur le canapé pour créer un espace accueillant et visuellement agréable.

Proposez des services additionnels (si autorisés dans votre région)

Les services additionnels peuvent faire toute la différence et transformer un simple séjour en une expérience mémorable. Ces services doivent cependant être autorisés dans votre région, alors assurez-vous de respecter les réglementations locales.

Petit-déjeuner : Si vous avez la possibilité de proposer un petit-déjeuner, cela peut être un atout majeur. Préparez un panier avec des produits frais et locaux pour un service de qualité.

Exemple : Offrez un petit-déjeuner composé de pain frais, de confitures artisanales, de fruits de saison, et de café local. Laissez-le à la porte le matin pour éviter de déranger vos hôtes.

Location de vélos ou de matériel : Dans une région propice au vélo ou à la randonnée, proposez la location de vélos ou d'équipements sportifs.

Exemple : Offrez deux vélos avec des casques, cadenas, et cartes de circuits pour permettre à vos hôtes de découvrir les environs de manière active et écologique.

Expériences locales : Si vous connaissez bien la région, proposez des visites guidées ou des ateliers artisanaux en partenariat avec des locaux.

Exemple : Organisez une dégustation de vins locaux ou un atelier de poterie avec un artisan du coin, accessible à vos hôtes moyennant un supplément.

Pensez aux détails qui font la différence (produits locaux, guide personnalisé)

Les petits détails montrent que vous vous souciez vraiment du confort et du bien-être de vos hôtes. Ils ajoutent une touche personnelle qui peut transformer leur séjour.

Produits locaux : Mettez à disposition des produits locaux comme du savon artisanal, du miel, ou des snacks typiques de la région.

Exemple : Accueillez vos hôtes avec un panier de bienvenue contenant une bouteille de vin de la région, des biscuits artisanaux, et du chocolat local.

Guide personnalisé : Créez un guide personnalisé avec vos recommandations sur les restaurants, les sites touristiques, et les activités à proximité.

Exemple : Incluez une carte des environs avec des annotations à la main indiquant vos cafés préférés, les meilleurs sentiers de randonnée, et des boutiques insolites.

Confort supplémentaire : Pensez aux petits détails comme des chaussons, des plaids doux pour les soirées fraîches, ou des bougies parfumées pour créer une ambiance chaleureuse.

Exemple : Laissez des chaussons confortables à l'entrée et un plaid en laine sur le canapé pour que vos hôtes puissent se détendre après une journée de visites.

Transformer votre logement en une expérience unique nécessite de l'attention aux détails, une réflexion sur la décoration, et un investissement dans des équipements de qualité. En créant des espaces photogéniques et en proposant des services additionnels qui ajoutent une valeur réelle, vous pouvez non seulement attirer plus de voyageurs, mais aussi leur offrir un séjour mémorable qui les incitera à revenir. Ces efforts, même modestes, peuvent faire une grande différence dans la perception de votre logement et améliorer significativement vos taux de réservation et vos évaluations.

Chapitre 5 : Maîtrisez l'art de la communication

Une communication efficace est la clé pour garantir la satisfaction de vos hôtes et les inciter à laisser des commentaires positifs. Elle commence bien avant leur arrivée et se poursuit même après leur départ. En optimisant vos temps de réponse, personnalisant vos messages, gérant les demandes spéciales avec soin, et utilisant les outils de messagerie automatique, vous pouvez améliorer l'expérience client et renforcer la relation avec vos voyageurs.

Optimisez vos temps de réponse

Répondre rapidement aux messages de vos futurs hôtes est essentiel pour créer une première impression positive. Sur les plateformes comme Airbnb, un temps de réponse rapide est souvent synonyme de sérieux et de professionnalisme.

Répondez dans l'heure : Idéalement, essayez de répondre à toutes les demandes dans l'heure qui suit leur réception. Cela montre que vous êtes disponible et attentif aux besoins de vos futurs hôtes.

Exemple : Si un voyageur vous envoie une question sur les équipements de la cuisine à 10h du matin, une réponse rapide comme "Bonjour [Prénom], merci pour votre message ! Oui, la cuisine est équipée d'un four, d'une plaque de cuisson, et d'un lave-vaisselle. N'hésitez pas si vous avez d'autres questions." sera très appréciée.

Utilisez des notifications : Activez les notifications sur votre téléphone ou ordinateur pour être alerté immédiatement lorsqu'un message arrive. Si vous ne pouvez pas répondre immédiatement, envoyez un message court pour informer que vous reviendrez vers eux sous peu.

Exemple : Si vous êtes en réunion ou occupé, vous pouvez envoyer un message comme "Merci pour votre message, je suis actuellement indisponible, mais je vous répondrai dans les plus brefs délais."

Fixez des attentes claires : Si vous savez que vous ne serez pas disponible pendant un certain temps, par exemple en soirée ou le week-end, informez-en les voyageurs à l'avance et donnez-leur un délai de réponse réaliste.

Exemple : Vous pouvez ajouter à votre profil une note indiquant : "Je réponds généralement aux messages entre 8h et 20h. Si vous me contactez en dehors de ces heures, je vous répondrai dès le lendemain matin."

Personnalisez vos messages d'accueil et de suivi

Personnaliser vos communications avec vos hôtes est un moyen puissant de créer une relation de confiance et de les faire se sentir spéciaux. Un message personnalisé montre que vous vous souciez de leur confort et de leur expérience.

Adressez-vous par leur prénom : Utiliser le prénom des hôtes dans vos messages crée une interaction plus personnelle et chaleureuse.

Exemple : Au lieu de commencer un message par "Bonjour," essayez "Bonjour

[Prénom], bienvenue dans notre appartement à [Ville] !"

Référez-vous à leurs besoins spécifiques : Si un voyageur mentionne un événement particulier, comme un anniversaire ou un voyage d'affaires, faites-y référence dans vos communications pour montrer que vous avez pris en compte leurs besoins.

Exemple : "Nous avons préparé un petit quelque chose pour célébrer votre anniversaire ce week-end, vous le trouverez sur la table en entrant."

Envoyez un message de bienvenue le jour de l'arrivée : Le jour de l'arrivée, envoyez un message pour souhaiter la bienvenue à vos hôtes et leur rappeler que vous êtes disponible en cas de besoin.

Exemple : "Bonjour [Prénom], j'espère que vous avez fait bon voyage. Le logement est prêt à vous accueillir. N'hésitez pas à me contacter si vous avez des questions. Profitez bien de votre séjour !"

Suivi pendant le séjour : Un jour après leur arrivée, envoyez un message pour vous assurer que tout se passe bien et pour savoir s'ils ont besoin de quelque chose.

Exemple : "Bonjour [Prénom], j'espère que votre première nuit s'est bien passée. Tout est-il à votre goût ? N'hésitez pas à me dire si vous avez besoin de quoi que ce soit."

Message de remerciement après le départ : Après leur départ, envoyez un message de remerciement pour avoir choisi votre logement et invitez-les à laisser un commentaire.

Exemple : "Merci encore [Prénom] d'avoir séjourné chez nous. Nous espérons que vous avez passé un excellent moment à [Ville]. Si vous avez quelques minutes, n'hésitez pas à laisser un avis, cela nous aide beaucoup ! Au plaisir de vous accueillir à nouveau."

Gérez efficacement les demandes spéciales

Les demandes spéciales sont fréquentes sur les plateformes de location. Les gérer avec attention peut transformer une simple réservation en une expérience mémorable pour vos hôtes.

Soyez flexible dans la mesure du possible : Essayez d'accommoder les demandes spéciales lorsqu'elles sont raisonnables, qu'il s'agisse d'un check-in anticipé, d'un check-out tardif, ou de besoins alimentaires spécifiques.

Exemple : "Nous serions ravis de vous accueillir plus tôt, si le logement est disponible, nous vous enverrons un message pour confirmer."

Proposez des alternatives si vous ne pouvez pas accéder à la demande : Si une demande ne peut pas être satisfaite, expliquez la situation et proposez une alternative.

Exemple : "Malheureusement, un check-out tardif n'est pas possible car nous avons d'autres hôtes arrivant le même jour. Cependant, vous pouvez laisser vos bagages dans une consigne près de la gare pendant que vous continuez à explorer la ville."

Documentez les demandes récurrentes : Si vous recevez souvent les mêmes types de demandes, préparez des réponses types ou intégrez ces éléments dans vos descriptions pour clarifier ce qui est possible ou non.

Exemple : "Les check-ins après 22h ne sont pas possibles, mais une boîte à clés sécurisée est disponible pour une arrivée autonome."

<u>Créez un guide d'accueil complet et numérique</u>

Un guide d'accueil bien conçu est un outil essentiel pour répondre aux questions des hôtes avant même qu'ils les posent. Il peut également enrichir leur séjour en fournissant des informations sur les attractions locales, les restaurants, et les transports.

Incluez les informations essentielles : Le guide doit contenir toutes les informations nécessaires sur le fonctionnement du logement : comment utiliser les appareils, le Wi-Fi, les consignes de sécurité, etc.

Exemple : "Le Wi-Fi est gratuit, le réseau s'appelle 'Maison123' et le mot de passe est 'Bienvenue123'. Le chauffage se règle via le thermostat situé dans le salon."

Ajoutez des recommandations locales : Partagez vos coups de cœur pour les restaurants, cafés, et sites touristiques locaux. Pensez à inclure des options pour différents types de voyageurs (familles, couples, aventuriers).

Exemple : "Pour un dîner romantique, je vous recommande le restaurant 'Le Bistrot du Coin', à 5 minutes à pied. Pour une sortie en famille, le parc 'Jardin des Plantes' est parfait pour un après-midi tranquille."

Créez une version numérique : Une version numérique du guide, consultable depuis un smartphone ou une tablette, est pratique pour les voyageurs et permet d'apporter des mises à jour régulières.

Exemple : Utilisez des outils comme Google Sites ou Canva pour créer un guide numérique interactif. Incluez des liens vers des cartes Google Maps pour aider vos hôtes à trouver facilement les endroits recommandés.

Utilisez les outils de messagerie automatique d'Airbnb

Les outils de messagerie automatique proposés par Airbnb permettent de gagner du temps tout en maintenant un haut niveau de service. Bien configurés, ils assurent une communication fluide et rapide avec vos hôtes.

Messages automatiques pour les étapes clés : Programmez des messages automatiques pour chaque étape du séjour, comme l'envoi des instructions d'arrivée, le rappel des heures de check-out, et le message de remerciement après le départ.

Exemple : "Un message automatique peut être programmé pour être envoyé 48 heures avant l'arrivée avec tous les détails nécessaires : 'Votre séjour approche ! Voici les instructions pour récupérer les clés et accéder au logement…'"

Réponses automatiques pour les questions fréquentes : Configurez des réponses automatiques pour les questions fréquentes que vous recevez, telles que "Comment se connecter au Wi-Fi ?" ou "Où se garer ?"

Exemple : Créez un message type pour les demandes de parking : "Le logement ne dispose pas de parking privé, mais il y a un parking public gratuit à 2 minutes à pied."

Surveillez et ajustez régulièrement : Les messages automatiques doivent être revus régulièrement pour s'assurer qu'ils restent pertinents et adaptés à chaque situation.

Exemple : Après avoir reçu plusieurs commentaires indiquant que l'une des informations du message automatique n'était plus correcte (comme des travaux proches qui modifient l'itinéraire), mettez-le à jour immédiatement.

Maîtriser l'art de la communication avec vos hôtes est indispensable pour assurer une expérience client de qualité. En optimisant vos temps de réponse, personnalisant vos messages, gérant les demandes spéciales de manière professionnelle, et en utilisant les outils de messagerie automatique, vous pouvez non seulement améliorer la satisfaction de vos hôtes, mais aussi réduire votre charge de travail. Une communication efficace crée un lien de confiance avec les voyageurs, qui se traduit souvent par des commentaires positifs et une fidélisation accrue.

Chapitre 6 : Devenez un hôte irréprochable

Pour maximiser vos chances de recevoir des commentaires élogieux et fidéliser vos hôtes, il est crucial de se comporter comme un hôte irréprochable. Cela passe par un processus d'accueil et de départ fluide, une propreté impeccable, un système de maintenance préventive bien rodé, une équipe de confiance, et une gestion efficace des imprévus. Voici comment exceller dans chacun de ces domaines.

Perfectionnez votre processus d'accueil et de départ

L'accueil et le départ sont des moments clés qui influencent fortement l'expérience des hôtes. Un processus bien orchestré, à la fois chaleureux et efficace, peut transformer un simple séjour en une expérience mémorable.

Proposez une arrivée flexible : Si possible, offrez à vos hôtes une certaine flexibilité pour leur check-in. Une boîte à clés sécurisée peut permettre une arrivée autonome à toute heure.

Exemple : "Si vous arrivez tard le soir, vous pouvez récupérer les clés dans la boîte à clés située à gauche de la porte d'entrée. Le code est 5678. Cela vous permet de vous installer à votre rythme."

Accueillez personnellement vos hôtes : Si votre emploi du temps le permet, accueillir personnellement vos hôtes leur permet de se sentir les bienvenus. Montrez-leur les fonctionnalités du logement et répondez à leurs questions.

Exemple : "Lorsqu'ils arrivent, je les rencontre en personne pour leur montrer comment fonctionne le thermostat, les équipements de la cuisine, et je leur donne quelques conseils sur les meilleurs restaurants du quartier."

Simplifiez le départ : Pour un départ sans stress, fournissez des instructions claires sur ce que les hôtes doivent faire avant de partir, comme sortir les poubelles ou ranger les clés.

Exemple : "Merci de laisser les clés sur la table du salon et de vérifier que toutes les fenêtres sont fermées. Si vous avez besoin de laisser vos bagages après le check-out, je peux vous indiquer un service de consigne à proximité."

Envoyez un rappel avant le départ : La veille de leur départ, envoyez un message de rappel avec les instructions et l'heure de check-out.

Exemple : "Bonjour [Prénom], juste un petit rappel que le check-out est prévu pour 11h demain. Si vous avez besoin de quoi que ce soit d'ici là, n'hésitez pas à me contacter."

Assurez une propreté impeccable

La propreté est souvent le critère numéro un pour les hôtes lorsqu'ils laissent une évaluation. Il est donc crucial de garantir que votre logement est non seulement propre, mais impeccablement entretenu.

Créez une liste de contrôle pour le ménage : Mettez en place une liste de contrôle pour vous assurer que chaque zone du logement est nettoyée à fond à chaque fois, y compris les recoins souvent oubliés comme les bouches d'aération et les plinthes.

Exemple : "La liste de contrôle comprend des tâches comme passer l'aspirateur sous les lits, désinfecter les poignées de porte et vérifier que le micro-ondes est propre."

Utilisez des produits de nettoyage de qualité : Investissez dans des produits de nettoyage de qualité pour obtenir un résultat optimal et garantir que votre logement est non seulement propre, mais aussi agréable à vivre.

Exemple : "J'utilise des produits écologiques qui laissent une agréable odeur de citronnelle, ce qui crée une atmosphère fraîche et accueillante dès que les hôtes entrent dans le logement."

Vérifiez chaque détail avant l'arrivée des hôtes : Faites un tour final de l'appartement avant l'arrivée des hôtes pour vous assurer que tout est en ordre, des draps bien tirés aux serviettes propres disposées de manière élégante.

Exemple : "Je passe 10 minutes avant chaque arrivée pour m'assurer que tout est parfait, en vérifiant que les coussins sont bien disposés et que les poubelles sont vides."

Mettez en place un système de maintenance préventive

La maintenance préventive est essentielle pour éviter les pannes ou les problèmes pendant le séjour des hôtes. Un logement bien entretenu non seulement évite les mauvaises surprises, mais prolonge aussi la durée de vie de vos équipements.

Établissez un calendrier de maintenance : Planifiez des contrôles réguliers pour vérifier les appareils électroménagers, la plomberie, et les installations électriques.

Exemple : "Chaque trimestre, je fais vérifier la chaudière par un professionnel et je nettoie les filtres de la climatisation pour m'assurer qu'ils fonctionnent correctement."

Remplacez les éléments avant qu'ils ne s'usent : N'attendez pas qu'un appareil tombe en panne pour le remplacer. Si un équipement commence à montrer des signes de fatigue, remplacez-le avant qu'il ne devienne un problème.

Exemple : "Quand j'ai remarqué que le grille-pain commençait à mal fonctionner, je l'ai remplacé immédiatement pour éviter qu'il ne tombe en panne pendant un séjour."

Gardez un stock de pièces de rechange : Avoir des pièces de rechange pour les petits équipements comme les ampoules, les fusibles, et les piles peut vous sauver en cas de problème de dernière minute.

Exemple : "Je garde toujours des ampoules et des piles de rechange dans un placard afin de pouvoir réagir rapidement en cas de problème."

Formez une équipe de confiance (ménage, conciergerie)

Une équipe de confiance est indispensable pour assurer la continuité de votre service, surtout si vous gérez plusieurs propriétés ou si vous n'êtes pas toujours disponible pour accueillir vous-même les hôtes.

Engagez des professionnels expérimentés : Que ce soit pour le ménage, la maintenance, ou la conciergerie, assurez-vous de travailler avec des professionnels expérimentés et fiables qui partagent votre souci du détail.

Exemple : "J'ai recruté une équipe de ménage avec plusieurs années d'expérience dans l'hôtellerie, ce qui garantit un standard de propreté élevé."

Communiquez régulièrement avec votre équipe : Maintenez un contact régulier avec votre équipe pour vous assurer que tout se passe bien et pour leur fournir des instructions spécifiques en cas de besoin particulier.

Exemple : "Avant chaque arrivée, j'envoie un message à mon équipe pour leur rappeler les consignes spécifiques pour chaque hôte, comme la préparation d'un lit bébé ou la mise en place de produits sans gluten pour un hôte allergique."

Préparez un plan de secours : En cas d'absence de l'un de vos collaborateurs (maladie, vacances), assurez-vous d'avoir une solution de rechange, comme un remplaçant ou un service externe sur lequel vous pouvez compter.

Exemple : "J'ai un accord avec une société de conciergerie qui peut prendre le relais en cas d'urgence si mon équipe n'est pas disponible."

Gérez efficacement les imprévus et les urgences

Les imprévus peuvent survenir à tout moment, et votre capacité à les gérer efficacement peut faire toute la différence entre un commentaire positif et un avis négatif.

Anticipez les problèmes courants : Identifiez les problèmes les plus courants qui pourraient survenir et préparez un plan d'action pour chacun.

Exemple : "Je sais que les problèmes de Wi-Fi sont fréquents, alors j'ai préparé un guide étape par étape pour reconnecter le routeur en cas de besoin. Ce guide est aussi envoyé aux hôtes dès qu'ils signalent un problème."

Répondez rapidement aux urgences : Si un problème survient pendant le séjour, réagissez immédiatement pour trouver une solution. Une réponse rapide et un geste commercial, si nécessaire, peuvent aider à apaiser les tensions.

Exemple : "Lorsqu'un hôte m'a signalé une fuite d'eau, j'ai immédiatement appelé un plombier d'urgence et offert un remboursement partiel pour compenser l'inconfort causé."

Soyez transparent et communicatif : En cas d'imprévu majeur qui ne peut être résolu rapidement, informez vos hôtes dès que possible et proposez des solutions alternatives.

Exemple : "Si une panne d'électricité touche le quartier, informez immédiatement vos hôtes, expliquez la situation, et proposez des bougies, lampes de poche, ou même un remboursement pour la nuit si le problème persiste."

Devenir un hôte irréprochable demande un engagement constant et une attention méticuleuse aux détails. En perfectionnant votre processus d'accueil et de départ, en assurant une propreté impeccable, en mettant en place un système de maintenance préventive, en formant une équipe de confiance, et en gérant efficacement les imprévus, vous pouvez offrir une expérience exceptionnelle à vos hôtes, qui se traduira par des commentaires positifs et une réputation solide sur les plateformes de location courte durée.

Chapitre 7 : Maximisez votre visibilité en ligne

Pour attirer davantage de voyageurs, il est essentiel de maximiser la visibilité de votre logement en ligne. Cela passe par une optimisation de votre profil hôte sur Airbnb, une utilisation stratégique des réseaux sociaux, la création d'un site web informatif sur votre région, un référencement local efficace, et une participation active aux événements et forums Airbnb. Chaque stratégie contribue à renforcer votre présence en ligne, à élargir votre audience et à générer plus de réservations.

Optimisez votre profil hôte Airbnb

Votre profil d'hôte est souvent la première impression que les voyageurs ont de vous. Une page bien conçue peut inspirer confiance et susciter l'intérêt des utilisateurs.

Complétez tous les champs de votre profil : Assurez-vous que votre profil est entièrement rempli, y compris les sections sur vos centres d'intérêt, votre expérience en tant qu'hôte, et les langues que vous parlez. Cela humanise votre profil et aide les voyageurs à se sentir connectés.

Exemple : "Sur mon profil, j'ai ajouté que je suis passionné de randonnée et que je connais tous les meilleurs sentiers de la région. Cela a attiré des voyageurs avides de nature, qui ont apprécié mes recommandations personnalisées."

Utilisez une photo de profil professionnelle et accueillante : Choisissez une photo de vous où vous souriez et qui reflète votre personnalité. Évitez les selfies mal éclairés ou les photos de groupe.

Exemple : "J'ai fait appel à un photographe pour prendre une photo de moi devant mon logement, souriant et accueillant, ce qui a immédiatement rendu mon profil plus chaleureux et professionnel."

Mettez en avant vos commentaires positifs : Si vous avez reçu des commentaires élogieux de la part de précédents hôtes, n'hésitez pas à les citer dans la section "À propos de vous". Cela renforce votre crédibilité.

Exemple : "Un voyageur a mentionné dans un commentaire que mon appartement était 'le meilleur qu'il ait jamais loué sur Airbnb'. J'ai inclus cette citation dans ma description pour attirer l'attention de futurs hôtes."

Utilisez les réseaux sociaux pour promouvoir votre logement indirectement

Les réseaux sociaux sont un outil puissant pour accroître la visibilité de votre logement, même sans mentionner directement Airbnb. L'idée est de créer du contenu qui attire et engage une audience potentielle.

Partagez des photos de votre logement sur Instagram : Créez un compte dédié à votre logement ou à la région et partagez régulièrement des photos attrayantes de votre espace et des environs. Utilisez des hashtags pertinents pour toucher une audience plus large.

Exemple : "Sur mon compte Instagram, je poste régulièrement des photos du lever de soleil depuis la terrasse, ainsi que des clichés de la nature environnante. J'utilise des hashtags comme #countrysideretreat et #hiddengetaway pour toucher les amateurs de séjours en pleine nature."

Racontez des histoires sur Facebook : Partagez des histoires ou des anecdotes sur les voyageurs que vous avez accueillis, sans dévoiler d'informations privées. Cela montre que votre logement est un lieu d'échanges enrichissants et suscite l'intérêt.

Exemple : "J'ai raconté sur Facebook comment une famille d'Australiens avait découvert la cuisine locale grâce à mes recommandations. Ce post a généré beaucoup de réactions positives et des partages, augmentant la visibilité de mon profil."

Créez des vidéos sur YouTube : Si vous êtes à l'aise devant la caméra, créez des vidéos courtes montrant les atouts de votre logement, des conseils de voyage dans la région, ou des témoignages de voyageurs.

Exemple : "J'ai tourné une courte vidéo intitulée 'Week-end parfait dans les montagnes' où je montre les plus belles randonnées à faire autour de ma propriété. La vidéo a été vue par plus de 5 000 personnes, certaines m'ont ensuite contacté pour réserver."

Créez un site web informatif sur votre région (sans lien direct vers Airbnb)

Un site web dédié à votre région peut attirer des visiteurs qui cherchent des informations, et, de manière indirecte, les inciter à réserver chez vous.

Proposez des guides touristiques gratuits : Créez des guides téléchargeables sur les meilleures activités, restaurants, et sites à visiter dans votre région. Cela apporte de la valeur aux visiteurs et positionne votre site comme une ressource incontournable.

Exemple : "J'ai créé un guide intitulé 'Les 10 meilleures randonnées à faire dans le coin', disponible en téléchargement sur mon site. Ce guide attire beaucoup de visiteurs et les incite à découvrir la région, et donc à chercher un logement comme le mien."

Intégrez un blog sur la vie locale : Rédigez des articles réguliers sur la culture locale, les événements à venir, et des interviews avec des habitants. Cela montre votre connaissance de la région et peut améliorer le référencement de votre site.

Exemple : "Chaque mois, j'écris un article sur un artisan local. Le mois dernier, j'ai interviewé un vigneron passionné, ce qui a beaucoup plu aux amateurs de vin qui envisagent de venir dans la région."

Incluez une section FAQ pour les voyageurs : Ajoutez une section répondant aux questions fréquentes des visiteurs, comme les options de transport, les meilleures périodes pour visiter, ou les astuces pour économiser.

Exemple : "Dans la FAQ de mon site, je réponds aux questions sur les meilleures périodes pour visiter les montagnes, ce qu'il faut emporter pour une randonnée, et comment se rendre facilement aux points de départ des sentiers."

Explorez les options de référencement local

Le référencement local est essentiel pour attirer les voyageurs qui cherchent un hébergement spécifique dans votre région.

Inscrivez-vous sur Google My Business : Créez une fiche pour votre logement sur Google My Business. Cela permet à votre propriété d'apparaître dans les résultats de recherche locale, sur Google Maps, et d'afficher des avis clients.

Exemple : "Depuis que j'ai inscrit mon logement sur Google My Business, il apparaît en haut des résultats lorsque quelqu'un cherche 'gîte près de [nom de votre région]'. Cela m'a amené plusieurs nouvelles réservations."

Participez à des annuaires locaux : Recherchez des sites web ou des annuaires locaux qui répertorient les hébergements de votre région. Inscrivez votre logement pour augmenter sa visibilité.

Exemple : "Je me suis inscrit sur un annuaire local dédié aux hébergements écologiques. Depuis, j'ai accueilli plusieurs voyageurs qui cherchaient spécifiquement un logement respectueux de l'environnement."

Utilisez des mots-clés géolocalisés : Sur votre site web, utilisez des mots-clés spécifiques à votre région pour optimiser votre référencement. Par exemple, incluez des expressions comme 'hébergement à [nom de la ville]' ou 'vacances à [nom de la région]'.

Exemple : "Sur la page d'accueil de mon site, j'ai intégré des mots-clés comme 'location de vacances à [nom de la ville]' et 'gîte en pleine nature à [nom de la région]', ce qui m'a aidé à grimper dans les résultats de recherche."

Participez aux événements et forums Airbnb

Être actif dans la communauté Airbnb peut vous offrir de nombreuses opportunités pour apprendre, partager, et attirer de nouveaux clients.

Assistez aux événements Airbnb : Participez aux ateliers, conférences, et événements organisés par Airbnb, en ligne ou en personne. Cela vous permet de rester informé des dernières tendances, d'échanger avec d'autres hôtes, et de vous faire connaître.

Exemple : "En participant à un événement Airbnb, j'ai rencontré d'autres hôtes de ma région avec qui j'ai échangé des astuces sur la gestion des réservations. Cela m'a aussi permis de découvrir des fonctionnalités d'Airbnb que je n'utilisais pas encore."

Intervenez sur les forums Airbnb : Engagez-vous dans les discussions sur les forums Airbnb, en partageant vos expériences et en aidant d'autres hôtes. Plus vous êtes actif, plus votre profil gagne en visibilité.

Exemple : "Sur le forum Airbnb, j'ai répondu à une question sur la gestion des litiges avec les voyageurs. Cela m'a permis de montrer mon expertise, et un autre hôte m'a ensuite recommandé à ses contacts."

Organisez des rencontres locales entre hôtes : Si vous avez une communauté d'hôtes dans votre région, organisez des rencontres pour échanger des bonnes pratiques et créer un réseau local de soutien.

Exemple : "J'ai organisé une rencontre entre hôtes dans ma ville, où nous avons discuté des défis rencontrés et partagé des conseils. Cela a renforcé notre sentiment de communauté et m'a permis de découvrir des astuces que je n'aurais pas trouvées seul."

Maximiser votre visibilité en ligne nécessite une approche stratégique et diversifiée. En optimisant votre profil hôte Airbnb, en utilisant les réseaux sociaux de manière subtile, en créant un site web informatif sur votre région, en explorant les options de référencement local, et en participant activement aux événements et forums Airbnb, vous pouvez attirer plus de voyageurs et augmenter vos réservations. Chacune de ces actions, bien que distincte, contribue à renforcer votre présence en ligne et à faire de votre logement une option incontournable pour les voyageurs potentiels.

Chapitre 8 : Transformez les avis en or

Les avis sont l'une des pierres angulaires du succès sur Airbnb. Ils servent non seulement à rassurer les futurs voyageurs, mais aussi à construire votre réputation en tant qu'hôte. Transformer les avis en un véritable atout nécessite de les solliciter activement, de répondre de manière appropriée, d'utiliser les critiques pour améliorer votre offre, de mettre en avant les meilleurs retours, et de viser à obtenir et conserver le statut de Superhost. Chacune de ces étapes vous aide à consolider la confiance des voyageurs et à maximiser vos réservations.

Encouragez vos hôtes à laisser des commentaires

Les avis positifs ne viennent pas toujours spontanément. Il est important d'inciter vos hôtes à partager leur expérience sur la plateforme.

Envoyez un message de suivi après le départ : Un simple message quelques heures après le départ, remerciant vos hôtes pour leur séjour et les encourageant à laisser un commentaire, peut faire toute la différence.

Exemple : "Bonjour Marie, j'espère que vous avez passé un excellent séjour chez nous ! Si vous avez quelques minutes, nous serions ravis que vous laissiez un avis sur votre expérience. Cela nous aide énormément à améliorer notre service et à accueillir d'autres voyageurs comme vous."

Offrez une expérience exceptionnelle : Lorsque les hôtes vivent une expérience mémorable, ils sont plus enclins à laisser un avis positif. Pensez à inclure des attentions particulières comme un petit cadeau de bienvenue ou un guide personnalisé de la région.

Exemple : "Lors de leur arrivée, j'avais préparé un panier avec des produits locaux, ce qui a vraiment surpris et enchanté mes hôtes. Ils ont mentionné ce geste dans leur commentaire, en soulignant à quel point cela avait rendu leur séjour spécial."

Simplifiez le processus : Faites en sorte que les hôtes sachent exactement comment laisser un avis. Si nécessaire, incluez des instructions claires dans votre message de suivi.

Exemple : "Je rappelle toujours à mes hôtes comment laisser un avis, en leur expliquant qu'ils peuvent le faire en quelques clics à partir de leur page de réservation. Cela a conduit à une augmentation notable des avis reçus."

Répondez de manière professionnelle à tous les avis

Qu'ils soient positifs ou négatifs, répondre aux avis montre que vous êtes un hôte attentif et engagé. C'est aussi une occasion de démontrer votre professionnalisme aux futurs voyageurs.

Remerciez les commentaires positifs : Même un simple remerciement pour un avis positif montre que vous appréciez les retours de vos hôtes.

Exemple : "Merci beaucoup, Sarah, pour votre gentil commentaire. Nous sommes ravis que vous ayez apprécié votre séjour et espérons vous accueillir à nouveau prochainement !"

Gérez les critiques avec tact : Si un avis est négatif, répondez calmement et proposez une solution ou une explication. Montrez que vous prenez les critiques au sérieux et que vous êtes prêt à améliorer votre offre.

Exemple : "Merci pour votre retour, Jean. Nous sommes désolés que la propreté de la salle de bain n'ait pas été à la hauteur de vos attentes. Nous avons immédiatement pris des mesures pour améliorer ce point et espérons avoir l'opportunité de vous accueillir à nouveau pour vous offrir une meilleure expérience."

Montrez votre engagement à améliorer l'expérience : Si un problème a été soulevé dans un avis, indiquez les actions que vous avez prises pour le résoudre. Cela montre que vous êtes proactif et soucieux de la satisfaction de vos hôtes.

Exemple : "Suite à votre remarque sur la qualité de la literie, nous avons investi dans de nouveaux matelas pour garantir un confort optimal à nos futurs hôtes. Merci de nous avoir aidés à nous améliorer."

Utilisez les critiques pour améliorer constamment votre offre

Les critiques constructives sont une mine d'or pour identifier les axes d'amélioration de votre logement et de votre service.

Identifiez les motifs récurrents : Si plusieurs hôtes mentionnent le même problème, il est crucial de l'aborder rapidement.

Exemple : "Après avoir reçu plusieurs commentaires mentionnant le manque de chauffage dans les chambres, j'ai installé des radiateurs supplémentaires. Les avis suivants ont souligné cette amélioration."

Soyez ouvert aux suggestions : Parfois, les hôtes suggèrent des améliorations auxquelles vous n'aviez pas pensé. Prenez ces suggestions en considération pour faire évoluer votre offre.

Exemple : "Un voyageur a suggéré d'ajouter un coin lecture dans le salon. J'ai suivi son conseil et installé un fauteuil confortable avec une lampe, ce qui a été très apprécié par les hôtes suivants."

Testez les changements : Après avoir apporté des modifications, surveillez les avis pour voir si ces changements sont perçus positivement par vos hôtes.

Exemple : "Après avoir réaménagé l'espace extérieur en ajoutant une zone de barbecue, j'ai reçu des retours très positifs qui mentionnaient cet ajout comme un point fort de leur séjour."

Mettez en avant vos meilleurs avis dans votre description

Les avis positifs sont de puissants arguments pour convaincre de nouveaux voyageurs de réserver chez vous. Intégrez-les dans la description de votre annonce pour renforcer votre crédibilité.

Incorporez des citations directes : Choisissez les phrases les plus élogieuses de vos meilleurs avis et incluez-les dans votre description ou dans les légendes de vos photos.

Exemple : "Comme l'a dit un de nos hôtes, 'Ce gîte est un véritable havre de paix, idéal pour se ressourcer en pleine nature'. Nous espérons que vous apprécierez autant que lui le calme et la sérénité de notre logement."

Créez une section dédiée aux avis : Si votre annonce le permet, ajoutez une section spéciale pour présenter une sélection de vos meilleurs avis.

Exemple : "Nous avons une page dédiée aux témoignages où nos hôtes partagent leur expérience. L'un d'eux a écrit : 'Le séjour a été parfait du début à la fin, avec une attention particulière à chaque détail.'"

Utilisez les avis dans votre stratégie de promotion : Partagez vos meilleurs avis sur vos réseaux sociaux ou votre site web pour attirer de nouveaux clients.

Exemple : "Sur notre page Facebook, nous partageons régulièrement les avis de nos hôtes. Un commentaire récent mentionnait : 'La vue depuis la terrasse est à couper le souffle, c'est l'endroit idéal pour un séjour relaxant.'"

Visez le statut de Superhost et maintenez-le

Le statut de Superhost est un gage de qualité sur Airbnb. Il attire plus de voyageurs et vous donne une visibilité accrue.

Maintenez une excellente communication : Répondez rapidement et efficacement aux demandes des voyageurs. Un temps de réponse rapide est crucial pour maintenir un haut niveau de satisfaction.

Exemple : "Pour m'assurer d'une communication fluide, je me suis fixé pour objectif de répondre à chaque message dans l'heure. Cette réactivité m'a aidé à obtenir et à maintenir le statut de Superhost."

Assurez un taux d'occupation élevé : Encouragez les réservations régulières pour maintenir un taux d'occupation élevé, un critère important pour devenir Superhost.

Exemple : "Pour maximiser mon taux d'occupation, j'ai mis en place des réductions pour les séjours de dernière minute, ce qui a rempli mon calendrier pendant les périodes creuses."

Offrez une expérience irréprochable : Le statut de Superhost dépend aussi des notes élevées et des avis élogieux. Concentrez-vous sur les détails pour offrir une expérience exceptionnelle.

Exemple : "En veillant à ce que chaque aspect du séjour soit impeccable, des draps frais à une maison parfaitement propre, j'ai réussi à maintenir une note moyenne de 4,9 étoiles."

Transformer les avis en or n'est pas simplement une question de collecter des retours, mais de les intégrer dans une stratégie globale d'amélioration continue et de promotion. En encourageant les commentaires, en répondant avec professionnalisme, en utilisant les critiques pour vous améliorer, en mettant en avant vos meilleurs avis, et en visant le statut de Superhost, vous pouvez non seulement améliorer la qualité de votre offre, mais aussi renforcer votre position sur Airbnb. Le résultat ? Une meilleure visibilité, plus de réservations, et des voyageurs toujours plus satisfaits.

Chapitre 9 : Analysez et optimisez en continu

Dans l'univers compétitif de la location sur Airbnb, il est essentiel de ne jamais rester sur ses acquis. Pour maximiser vos résultats, une analyse continue de vos performances, des tests réguliers de nouvelles stratégies, et une adaptation constante aux tendances et aux évolutions de la plateforme sont indispensables. Ce chapitre vous guide pas à pas pour optimiser en continu votre annonce, en vous appuyant sur des indicateurs de performance, en testant différentes approches, et en restant informé des bonnes pratiques.

Suivez vos indicateurs de performance clés sur Airbnb

Pour savoir si vos efforts portent leurs fruits, il est crucial de suivre régulièrement vos indicateurs de performance clés (KPI). Ces indicateurs vous donnent une vision claire de ce qui fonctionne bien et de ce qui doit être amélioré.

Taux d'occupation : Le taux d'occupation est l'un des premiers indicateurs à surveiller. Il vous indique la proportion de jours où votre logement est réservé par rapport à sa disponibilité totale. Si votre taux d'occupation est inférieur à celui de logements similaires, cela peut indiquer un problème de tarification, de visibilité, ou de qualité de l'annonce.

Exemple : "Après avoir remarqué que mon taux d'occupation était inférieur à la moyenne de ma région, j'ai ajusté mes tarifs et amélioré mes photos. En trois mois, mon taux d'occupation est passé de 60 % à 85 %."

Taux de clics : Ce KPI mesure la proportion de personnes qui cliquent sur votre annonce par rapport au nombre de fois où elle apparaît dans les résultats de recherche. Un faible taux de clics peut indiquer que votre titre, vos photos, ou vos tarifs ne sont pas assez attrayants.

Exemple : "En modifiant mon titre pour le rendre plus accrocheur et en utilisant une nouvelle photo de couverture, j'ai réussi à augmenter mon taux de clics de 10 %."

Taux de conversion : Ce ratio compare le nombre de réservations par rapport au nombre de vues de votre annonce. Si beaucoup de personnes cliquent sur votre annonce mais ne réservent pas, cela peut signifier que votre description, vos photos, ou vos conditions de réservation doivent être revus.

Exemple : "J'ai remarqué que beaucoup de visiteurs consultaient mon annonce sans réserver. Après avoir retravaillé la description pour la rendre plus claire et en ajoutant des témoignages de clients satisfaits, mon taux de conversion a grimpé de 15 %."

Score d'évaluation global : Les évaluations de vos hôtes sont essentielles. Un score moyen inférieur à 4,7 peut être un signal d'alarme, indiquant que quelque chose dans l'expérience que vous proposez doit être amélioré.

Exemple : "Mon score était bloqué à 4,5 étoiles à cause de commentaires sur la propreté. J'ai réagi en engageant une entreprise de ménage professionnelle, ce qui a permis d'améliorer mon score à 4,8 étoiles en quelques mois."

Testez différentes stratégies et mesurez les résultats

Le monde de la location de vacances évolue constamment, et ce qui fonctionne aujourd'hui pourrait ne plus être aussi efficace demain. Il est donc important de tester régulièrement de nouvelles stratégies pour rester compétitif.

A/B testing sur les tarifs : Essayez différentes grilles tarifaires pour voir lesquelles génèrent le plus de réservations. Par exemple, vous pourriez essayer une réduction pour les réservations de dernière minute un mois, puis revenir à vos tarifs normaux le mois suivant pour comparer les résultats.

Exemple : "J'ai testé une réduction de 20 % pour les réservations de dernière minute en basse saison. Le taux de réservation a augmenté de 30 %, ce qui a compensé la baisse de tarif et généré plus de revenus que prévu."

Mise en avant de différentes photos : Testez plusieurs photos de couverture pour identifier celle qui attire le plus de clics. Vous pouvez changer de photo toutes les deux semaines et surveiller votre taux de clics.

Exemple : "Après avoir essayé trois photos différentes comme image principale, j'ai constaté que la photo de la vue depuis le balcon générait le plus de clics. Je l'ai donc conservée comme couverture principale."

Variations dans la description : Modifiez certains éléments de votre description, comme le ton ou la mise en avant d'atouts spécifiques, pour voir comment cela impacte votre taux de conversion.

Exemple : "J'ai testé deux versions de ma description : une axée sur le confort des équipements et une autre sur l'expérience locale. La version mettant en avant l'expérience locale a conduit à une augmentation notable des réservations."

Restez à l'écoute des mises à jour et des tendances Airbnb

Airbnb évolue régulièrement en ajoutant de nouvelles fonctionnalités, en modifiant ses algorithmes, ou en adaptant ses règles. Pour rester compétitif, il est crucial de se tenir informé de ces évolutions et de les intégrer dans votre stratégie.

Abonnez-vous aux newsletters Airbnb : Les newsletters officielles d'Airbnb sont une source précieuse pour rester à jour sur les nouveautés et les meilleures pratiques.

Exemple : "C'est en lisant une newsletter que j'ai appris l'importance d'optimiser mon annonce pour les séjours longue durée, une tendance en hausse depuis la pandémie. J'ai ajusté mon annonce en conséquence, ce qui m'a permis d'attirer davantage de réservations pour des séjours de plusieurs semaines."

Surveillez les nouvelles tendances : Suivez les blogs et les forums spécialisés pour repérer les nouvelles tendances dans le secteur des locations de vacances.

Exemple : "En suivant un blog, j'ai découvert la tendance croissante des 'workations' (séjours mêlant travail et vacances). J'ai donc aménagé un espace bureau dans mon logement, ce qui m'a permis de capter cette nouvelle clientèle."

Adaptez-vous aux évolutions réglementaires : Restez informé des changements dans la législation locale concernant les locations de courte durée pour éviter toute mauvaise surprise.

Exemple : "Quand ma ville a imposé de nouvelles règles sur la durée maximale de location pour les non-résidents, j'ai ajusté mes offres pour rester en conformité tout en optimisant mes revenus."

Formez-vous constamment aux bonnes pratiques

Pour rester à la pointe et optimiser continuellement votre annonce, il est essentiel de vous former aux nouvelles techniques et stratégies qui émergent dans l'univers de la location courte durée.

Participez à des webinaires et des ateliers : Airbnb et d'autres organisations proposent régulièrement des webinaires sur des sujets spécifiques, comme la tarification dynamique, l'optimisation des annonces, ou la gestion des avis.

Exemple : "En participant à un webinaire sur la tarification dynamique, j'ai appris à ajuster mes prix en fonction de la demande locale, ce qui m'a permis d'augmenter mon revenu moyen par nuitée."

Lisez des livres spécialisés : Des ouvrages sur l'hospitalité, le marketing digital, ou la psychologie des consommateurs peuvent vous offrir de nouvelles perspectives et des idées pour améliorer votre offre.

Exemple : "Après avoir lu un livre sur l'expérience client, j'ai revu tout le parcours de mes hôtes, de la réservation à l'après-départ, ce qui a considérablement amélioré mes avis et mon taux de fidélisation."

Explorez des formations en ligne : De nombreuses plateformes proposent des cours en ligne sur des sujets tels que la photographie, le design d'intérieur, ou le service à la clientèle, qui peuvent vous aider à peaufiner votre annonce.

Exemple : "J'ai suivi un cours en ligne sur la photographie d'intérieur, ce qui m'a permis de réaliser moi-même des photos de meilleure qualité pour mon annonce, attirant ainsi plus de clics."

Rejoignez des communautés d'hôtes pour partager vos expériences

Les communautés d'hôtes sont une source inestimable de conseils pratiques, de soutien, et d'inspiration. Rejoindre ces groupes vous permet de partager vos défis, de découvrir de nouvelles idées, et de bénéficier de l'expérience des autres.

Participez à des groupes Facebook d'hôtes Airbnb : Ces groupes sont des espaces de discussion où vous pouvez poser des questions, partager des astuces, et recevoir des feedbacks de la part d'autres hôtes.

Exemple : "Dans un groupe Facebook, un autre hôte m'a conseillé d'ajouter une option de check-in autonome avec un boîtier à clé. Cette solution a non seulement simplifié la gestion de mes réservations, mais a aussi été très appréciée par mes hôtes."

Assistez à des meetups ou des événements locaux d'hôtes : Airbnb organise parfois des rencontres locales où les hôtes peuvent échanger en personne sur leurs expériences et leurs stratégies.

Exemple : "Lors d'un meetup Airbnb dans ma ville, j'ai rencontré un hôte qui m'a donné des conseils sur la gestion des imprévus, comme les annulations de dernière minute. J'ai appliqué ses conseils et cela m'a permis de mieux gérer ces situations."

Contribuez à des forums en ligne : Participer activement à des forums d'hôtes, comme ceux de la communauté Airbnb, peut vous aider à trouver des solutions à des problèmes spécifiques et à partager vos réussites.

Exemple : "En contribuant régulièrement à un forum Airbnb, j'ai non seulement trouvé des solutions à des problèmes spécifiques, mais j'ai aussi découvert des stratégies innovantes utilisées par d'autres hôtes pour optimiser leurs annonces. En échangeant des expériences, j'ai pu appliquer des techniques de tarification dynamique et de présentation d'annonces qui ont considérablement amélioré mes taux de réservation."

Exploitez les ressources de formation d'Airbnb : Airbnb propose des webinaires, des ateliers et des guides de formation pour aider les hôtes à améliorer leurs compétences. Ces ressources sont souvent adaptées aux défis courants rencontrés par les hôtes, vous permettant de bénéficier de conseils experts directement de la plateforme.

Exemple : "Après avoir assisté à un webinaire sur les meilleures pratiques en matière de gestion des annonces, j'ai appris des techniques avancées pour améliorer ma visibilité et mes taux de conversion. L'application de ces nouvelles compétences a eu un impact significatif sur mes réservations."

Adoptez une approche de test et d'adaptation : Ne vous contentez pas des premières stratégies qui fonctionnent. Continuez à tester différentes approches pour vos annonces, vos prix et vos interactions avec les hôtes. L'expérimentation constante peut révéler des opportunités d'optimisation que vous n'auriez pas envisagées.

Exemple : "En testant diverses descriptions et photos pour mon annonce, j'ai découvert que certaines modifications mineures, telles qu'un meilleur éclairage dans les photos et une description plus détaillée des équipements, ont entraîné une augmentation significative du nombre de réservations."

Pour surmonter les difficultés rencontrées avec votre location Airbnb, il est essentiel d'adopter une approche proactive et adaptable. En utilisant des forums en ligne, en explorant les ressources de formation d'Airbnb, en testant continuellement de nouvelles stratégies et en restant attentif aux opportunités d'amélioration, vous pourrez non seulement résoudre les problèmes spécifiques mais aussi transformer votre annonce en une source de succès durable. L'engagement envers ces pratiques vous permettra de naviguer efficacement dans le paysage complexe de la location courte durée et d'atteindre vos objectifs de performance.

CONCLUSION : Votre succès sur Airbnb est entre vos mains

Gérer un logement sur Airbnb est bien plus qu'une simple activité de location. C'est un art qui demande une attention constante, une volonté d'apprentissage continu, et une passion pour l'hospitalité. Tout au long de ce guide, nous avons exploré ensemble les différentes facettes de cette aventure, depuis l'optimisation de votre profil jusqu'à l'analyse continue de vos performances.

En adoptant une tarification dynamique, en transformant votre logement en une expérience unique, en maîtrisant l'art de la communication, et en devenant un hôte irréprochable, vous avez toutes les clés en main pour maximiser vos revenus tout en offrant à vos hôtes une expérience mémorable. La maximisation de votre visibilité en ligne et l'exploitation des avis pour améliorer votre offre renforcent encore votre succès.

Cependant, ce qui distingue véritablement un hôte exceptionnel d'un hôte ordinaire, c'est la capacité à évoluer et à s'adapter. En analysant et optimisant en continu votre activité, en restant à l'écoute des tendances et des nouvelles pratiques, et en vous formant constamment, vous vous assurez non seulement de rester compétitif, mais aussi de tirer le meilleur parti de chaque opportunité.

Votre engagement et votre dévouement sont les moteurs de votre réussite. Chaque petit détail, chaque ajustement, chaque interaction compte et contribue à bâtir une réputation solide, à attirer plus de réservations, et à fidéliser vos clients. En cultivant une attitude proactive et en cherchant toujours à vous améliorer, vous transformerez cette activité en une source de satisfaction personnelle et de succès financier durable.

Le voyage ne s'arrête jamais vraiment. À chaque saison, chaque nouveau hôte, chaque changement dans le marché, de nouvelles opportunités se présentent à vous. Saisissez-les avec confiance, et faites de votre logement sur Airbnb un lieu prisé, où les voyageurs se sentent comme chez eux et repartent avec des souvenirs inoubliables.

En définitive, rappelez-vous que le succès sur Airbnb ne se résume pas uniquement à des chiffres ou à des évaluations. C'est avant tout une histoire d'humanité, de rencontres et de partages. En offrant le meilleur de vous-même, vous ne faites pas que maximiser vos revenus, vous contribuez aussi à rendre le monde un peu plus accueillant, un séjour à la fois.

www.ingramcontent.com/pod-product-compliance
Lightning Source LLC
Chambersburg PA
CBHW050327230526
45471CB00005B/2390